EL PRINC

ballenas
BEBÉS

KATE RIGGS

CREATIVE EDUCATION • CREATIVE PAPERBACKS

TABLA DE

CONTENIDO

SOY UN BALLENATO.

Soy una ballena bebé.

boca

cola

¡Mira mis ojos grandes y mis <u>aletas</u>!

ojo

aleta

Al nacer salí de cola. Puedo nadar de inmediato. Pero también necesito respirar aire.

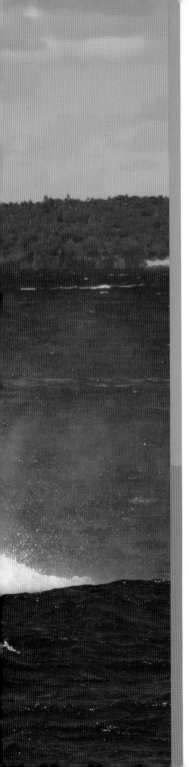

La leche de
mi madre es mi
único alimento.

4

2

3

5

ballenas

Vivo con otras ballenas en una <u>vaina</u>.

1

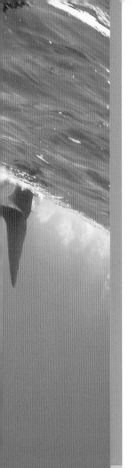

Nadamos juntos
de un lugar a otro.

Aunque es largo, mi cuerpo se mueve rápido en el agua.

Uso mi cola para cambiar de dirección.

HABLA Y
ESCUCHA

EEEE

¡AAH!

¿Puedes hablar como un ballenato? Las ballenas hacen sonidos que parecen cantos y gruñidos.

Escucha esos sonidos:
https://www.youtube.com/watch?v=pJqlkuVKO2k

¡Ahora es tu turno!

PALABRAS BEBÉS

aletas: partes que sobresalen del cuerpo de algunos animales y que les sirven para nadar

vaina: un grupo de ballenas

ÍNDICE

PUBLICADO POR CREATIVE EDUCATION Y CREATIVE PAPERBACKS
P.O. Box 227, Mankato, Minnesota 56002
Creative Education y Creative Paperbacks son marcas editoriales de The Creative Company
www.thecreativecompany.us

COPYRIGHT © 2021 CREATIVE EDUCATION, CREATIVE PAPERBACKS

DISEÑO Y PRODUCCIÓN
de Chelsey Luther & Joe Kahnke
Dirección de arte de Rita Marshall
Impreso en China
Traducción de TRAVOD, www.travod.com

FOTOGRAFÍAS de Alamy (Blue Planet Archive, Ethan Daniels, David Fleetham, Nature Picture Library), Dreamstime (Luna Vandoorne Vallejo), Getty Images (GREG LECOEUR/Moment Open), iStockphoto (glitterd), Minden Pictures (Tui De Roy), Shutterstock (Bohbeh, Craig Lambert Photography, Christopher Meder)

INFORMACIÓN DEL CATÁLOGO DE PUBLICACIONES
de la Biblioteca del Congreso is available under PCN 2019957359.
ISBN 978-1-64026-460-1 (library binding)
ISBN 978-1-62832-995-7 (pbk)

HC 9 8 7 6 5 4 3 2 1
PBK 9 8 7 6 5 4 3 2 1